Favourite Irish Proverbs

First published in 2008 by
CURRACH PRESS
55A Spruce Avenue, Stillorgan Industrial Park, Blackrock, Co. Dublin
www.currach.ie
1 3 5 4 2
Photography, cover design and origination by Lily Lenihan
Printed in Ireland by ColourBooks, Baldoyle Industrial Estate, Dublin 13
ISBN: 978-1-85607-960-0

The photographs Fig 1.1, 1.2 and 1.3 were taken in Muckross Traditional Farms, Killarney.

Favourite Irish Proverbs

Text by **Jo O'Donoghue**
Photography & Design by **Lily Lenihan**

CURRACH
PRESS

proverbs

"A proverb is a short, generally known sentence of the folk which contains wisdom, truth, morals, and traditional views in a metaphorical, fixed and memorizable form and which is handed down from generation to generation.'

Mieder, Wolfgang. *International Proverb Scholarship: An Annotated Bibliography, with Supplements.* New York: Garland Publishing, 1993, p. 24.

No man is an island

Ar scáth a chéile
a mhaireann na daoine.

Company shortens a journey

Giorratonn beirt bóthar.

expert

No expert is without fault
except for the stone Mason

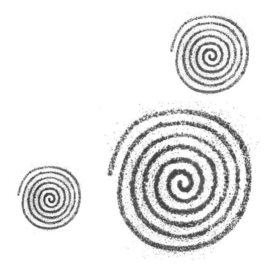

Ní bhíonn saoi gan locht ach saor na gcloch.

If you get a loaf of bread you
won't be short a knife

An té a bhfuil builín aige, gheobhaidh sé scian a ghearrfaidh é.

Fig. 1.1

An empty house is a lonesome thing

Is uaigneach an rud teach folamh.

Mind your own business

Ná cur do ladar i meadar gan iarraidh.

If you drink wine today,
you will be
drinking water tomorrow

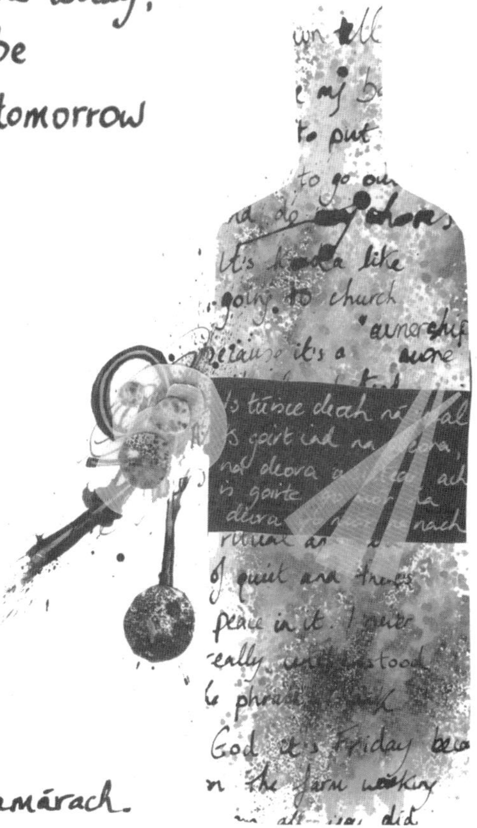

Fíon inniu, uisce amárach.

You can't lead cows and milk them at the same time

Ní féidir bheith ag seoladh na mbó is á gcrú.

You can't make a silk purse out of a sow's ear

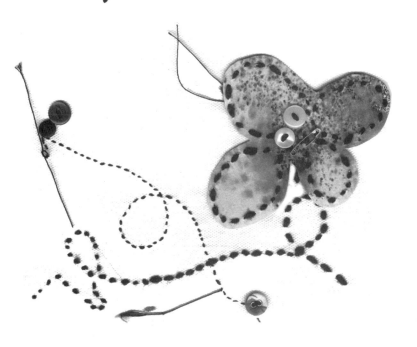

Cuir síoda ar ghabhar is gabhar i gcónaí é.

you can't serve two masters

Ní féidir leis an ngobadán an dá thrá a fhreastal.

The cat purrs for its own benefit

Ar mhaithe leis féin a dheineann an cat crónán.

Nothing will make a
racehorse out of a donkey

Ní dhéanfadh an sad capall rás d'asal.

Every sop adds to a
bundle of hay

Méadaíonn srabh beart.

breaks

Everyone is kindly
untill
a cow belonging to a
neighbour breaks into his field

breaks

Bíonn gach duine lach go dtí go dtí go dtéann bó ina gharraí.

proud

Even if you only
have a puck goat
to sell, stand in the
middle of the fair
and be proud

Mura mbeadh agat ach pocán gabhair bí i lár an aonaigh leis.

A fight between friends
can be mended

Ní buan cogadh na gcarad.

hurler

The man on the ditch
is the best hurler

Is maith an t-iománaí an té a
bhíonn ar an gclaí.

The man who is nearest to the church is not necessarily the holiest.

An té is giorra don teampall ní hé is giorra don altóir.

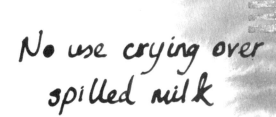

spilled

No use crying over
spilled milk

Níl aon fháil ar an mbainne a doirtear.

the shoemaker's wife
often has bad shoes

Is minic drochbhróga ar bhean ghréasaí.

heart

A light heart lives
for a long time

Maireann croí éadrom i bhfad.

Some day your ship will come in

Beidh lao éigin ag bó éigin.

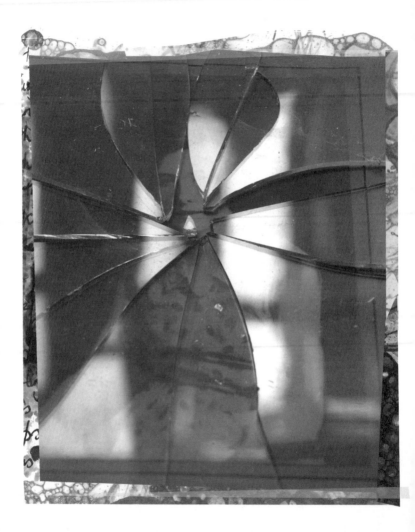

The tears that are shed are bitter but
unshed tears are more bitter by far

Is goirt iad na deora, na deora a siltear,
ach is goirte go mór na deora nach siltear.

No calf is too slippery for
its mother to lick

lick

Is sleamhain an lao nach lífidh a mháthair é.

Better an egg today than
roast ox tomorrow

Is fearr ubh inniu ná damh amárach.

God never closed one door
but he opened another

Níor dhún Dia doras riamh nár oscail sé ceann eile.

Breeding is stronger
than training

Is **treise** dúchas ná oiliúint.

It's often a person's mouth broke his head

Is minic a bhris béal duine a cheann.

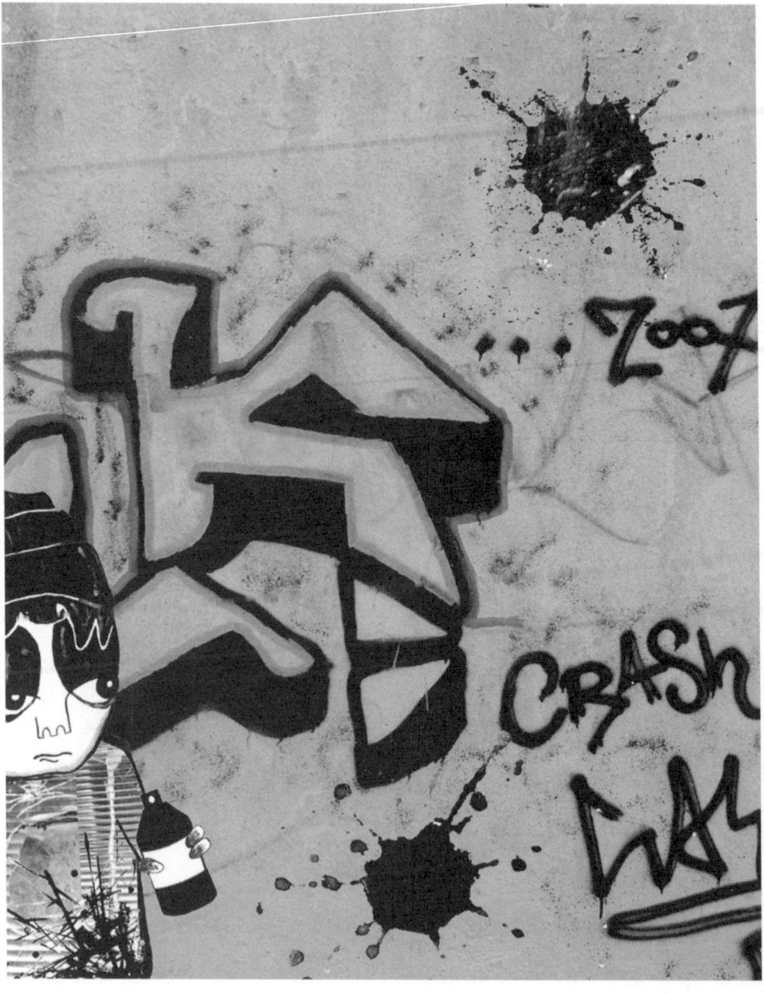
CRASH

Praise young people and they will follow you

Scold young people
and they will fall
by the wayside

fall

Mól an óige agus agus tiocfaidh sé
Cáin an óige agus agus titfidh sé.

scold

home

There's no place like home

Níl aon tinteán mar
do thinteán féin.

What's rare is wonderful

An rud is annamh is iontach.

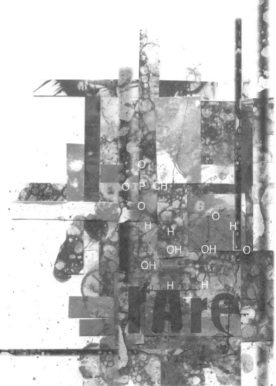

Time will tell

Is maith an scéalaí an aimsir.

Sow'

Fig. 1.2

He who doesn't sew in the spring
doesn't reap in the autumn

Autumn

An té nach gcuireann san earrach ní bhaineann sé sa bhfómhar.

Even a hen is heavy if carried
a long way

Is trom cearc i bhfad.

Faraway hills are green;
they may be green but
they are not grassy

Is glas iad na cnoic i bhfad
uainn; más glas iad ní féarmhar.

A little tastes better than a lot

Bíonn blas ar an mbeagán.

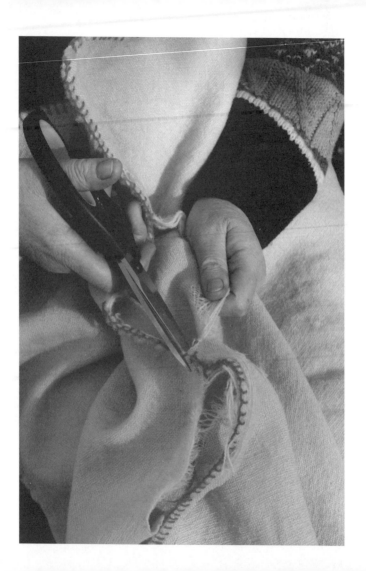

Cut your cloth according
to your measure

Déan do mhargadh de réir do sparáin.

Far-away cows have long horns

Bíonn adharca fada ar na ba thar lear.

A word in your favour is better
than a pound in your purse

Is fearr focal sa chúirt ná púnt sa sparán.

The quiet pigs eat the meal

Fig. 1.3

Na muca ciùine a itheann an mhin.

Help is a good thing
except at the table

Is maith an rud cúnamh,
ach ag an mbord.

Half a loaf is better than no bread

Is fearr leabthbhuilín ná bheith folamh ar fad.

The man who has a trade has a livelihood

An té a mbíonn ceard aige bíonn beatha aige.

A drink first and then a story

Is túisce deoch ná scéal.

from dusk till dawn

proverbs